El niño que demostró que estaban equivocados

Escrito por
Jordan Christian LeVan

Ilustrado por
Isabella Millet

EL NIÑO QUE DEMOSTRÓ QUE ESTABAN EQUIVOCADOS

Copyright © 2021 por Jordan Christian LeVan
Todos los derechos reservados. Impreso en los Estados Unidos de América.
Queda prohibida la utilización o reproducción total o parcial de este libro sin autorización escrita, salvo en el caso de citas breves incluidas en artículos críticos o reseñas.

Para más información, visite: fightingformyvoice.com
Facebook.com/fightingformyvoice

Primera edición: 4.7.2023

ISBN (Tapa blanda): 978-1-7371555-7-7
ISBN (Tapa dura): 978-1-961783-99-7

El niño que demostró que estaban equivocados

Escrito por Jordan LeVan

Ilustrado por Isabella Millet

Biografía del autor

Jordan Christian LeVan es un defensor de la apraxia, la discapacidad y la salud mental. Se graduó en el año 2020 con una Licenciatura en Psicología, enfocándose en Salud Mental, de Guilford College en Greensboro, Carolina del Norte. Jordan tiene un blog en inglés llamado «Luchando por mi voz: mi vida con apraxia verbal», donde brinda a las personas una visión interna de cómo es vivir con apraxia verbal. Jordan es un defensor, bloguero, orador motivacional, mentor, colaborador de investigación y autor.

fightingformyvoice.com
Facebook.com/fightingformyvoice

Agradecimientos del libro

Autor: Jordan Christian LeVan
Ilustradora: Isabella Millet
Editora: Lindsay LeVan Townsend
Formateadora: Jessica Cameron

Bienvenido de nuevo a «El mundo de Jordan», una serie de libros de no ficción que contiene historias de mi vida cuando era niño en forma de arte. Esta historia es sobre mi terapeuta del habla quien me dijo que nunca hablaría por mi cuenta.

Quisiera dedicar este libro a mi mamá. Te amo, gracias por luchar por mi voz hasta que pude hacerlo por mi cuenta. Gracias por ser siempre mi roca y defenderme. ¡Aprendí de la mejor! Quiero agradecer a todas las personas en mi vida que me aman y me apoyan. Además, agradezco a mi niño interior por saberse capaz de bloquear el ruido de fondo y mantenerse fuerte. Aquí está mi historia.

Jordan era un chico que muchos no entendían. Atravesó las puertas de su escuela primaria para volver a intentar la misma cosa que todos los días.

Las hojas caían y empezaban a cambiar de color. Jordan no sabía sobre la guerra que se avecinaba este otoño.

Fueron unos meses difíciles, pero no solo por el cambio de clima. Jordan iba a terapia del habla y luchaba por su voz todos los días.

La terapeuta del habla de la escuela vino al salón de clases de Jordan para recogerlo y llevarlo a su terapia del habla. Caminó por los pasillos con ella, preparándose para la batalla.

Jordan regresó a su salón de clases y se sentó junto a su mejor amigo, Linwood.

Luego las preguntas llegaron como un ataque no deseado. Niños como Kelsey y Christopher le hacían preguntas y hablaban de Jordan como si él no estuviera allí.

Jordan agachó la cabeza para adentrarse en su propio mundo, un lugar con el que soñaba, donde la inclusión era parte del mundo exterior.

Este día en el almuerzo fue diferente. Durante el almuerzo, el terapeuta del habla de la escuela se acercó a ellos. Ella le dijo a su mamá: «Jordan nunca hablará por su cuenta; es mejor que te vayas haciendo la idea».

En ese momento pensó: «Voy a demostrarles que están equivocados».

La mamá de Jordan se puso en contacto con las personas con las que necesitaba ponerse en contacto y no tuvo miedo de repetir lo que necesitaba.

Fue entonces cuando le aseguraron que él recibiría terapia del habla todos los días y que cambiarían su enfoque, pues el enfoque actual no estaba funcionando de la manera correcta.

La terapeuta del habla hizo equipo con Jordan para asegurarse de que su voz nunca se desvaneciera.

Aunque el mundo de Jordan era seguro y lo mantenía a salvo, él todavía quería ser parte del mundo exterior.

A pesar de lo que otros dijeron, Jordan se encontró nuevamente a la luz del día.

Aprendió que la apraxia no era algo malo después de todo. Resultó ser una de sus mayores fortalezas, y les pudo demostrar que todos estaban equivocados.

Querido Jordan,

Sé que las palabras de otras personas duelen y quiero que sepas que tus sentimientos son completamente válidos. Dado que tu diferencia en el habla es rara, sé que no tienes ninguna representación. Miras a tu alrededor y ves cómo el habla de otras personas fluye con facilidad. Entonces, te preguntas, «¿Por qué yo?». La razón por la cual tienes apraxia verbal es desconocida y sé que es difícil para ti aceptarlo. Pero un día, Jordan, lo harás.

Quiero que sepas que las cosas se ponen mejor, y no, no de la manera cursi que dicen en los comerciales. Aprenderás a aceptarte y amarte por todo lo que te hace ser quien eres. Crecerás y algún día serás la representación de la apraxia verbal porque no querrás que nadie se sienta solo como tú te has sentido. Estoy muy orgulloso de ti por luchar por tu voz. Convertirás lo que otros consideran tu debilidad en una de tus mayores fortalezas. Si los adultos a tu alrededor supieran de tu capacidad para creer que eres capaz de cualquier cosa, habrían temido de tu determinación.

Con amor,
Jordan Christian

Gracias por visitar el mundo de Jordan. Recuerda que lo que dices puede afectar y quedarse con una persona por el resto de su vida. Ten cuidado con lo que dices. Y no importa lo que te digan, recuerda que tienes la fuerza y el poder para superar cualquier obstáculo. Nadie puede predecir tu futuro. Las siguientes páginas tienen sorpresas para ti. Necesitarás la ayuda de un adulto de confianza.

Con mucho amor,
Jordan Christian

El mundo  de Jordan

CERTIFICADO DE RECONOCIMIENTO

Otorgado a

_____

Por luchar por su voz

_____

«Mi pasión me dio poder».

Jordan Christian

Imagen del homenajeado

Printed in the USA
CPSIA information can be obtained
at www.ICGtesting.com
LVHW070308041023
760083LV00007B/199